Mein schönstes BILDERLEXIKON

Originaltitel: My First Picture Book of Knowledge

Idee, Entwicklung und Text: Emma Godfrey, Nicholas Harris, Sarah Harrison und Sarah Hartley, Orpheus Books Ltd

Illustrationen: Peter Dennis (Linda Rogers Associates), John Davis, Robin Carter (Wildlife Art) und Betti Ferrero

Mein schönstes
BILDERLEXIKON

Unsere Welt

Die Natur

Fahrzeuge & Maschinen

Vor langer Zeit

Herzlich willkommen!

Dieses Buch erzählt dir alles über die Welt, in der wir leben. Schau, was in der Stadt passiert, sieh dir an, wie ein Film gedreht wird, entdecke die Tiere der Wüste oder begib dich auf eine Reise in die Vergangenheit.

Auf jeder Doppelseite gibt es ein großes Wimmelbild. Zusätzliche kleine Bilder zeigen noch einmal wichtige Details. Kannst du sie im großen Bild wiederfinden?

Und wenn du noch mehr wissen willst: am Ende des Buches warten noch viele weitere interessante Informationen auf dich. Viel Spaß!

In der Stadt

In der Stadt leben viele Menschen. Einige arbeiten in großen Büros, andere genießen gerade ihre Freizeit im Schwimmbad oder auf dem Spielplatz. In der Stadt gibt es auch viele Geschäfte und außerdem Museen und Kinos. Mit Taxis, Bussen und Straßenbahnen kommt man vom einen Ende der Stadt zum anderen. Wie viele Spaziergänger mit Hund kannst du entdecken?

Hochhäuser

Einkaufen

Rutsche

Maler

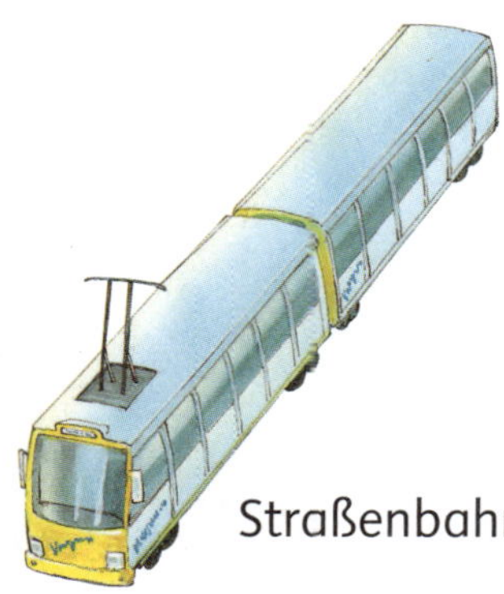

Straßenbahn

Räuber

Schwimmbad

Im Restaurant

In der Schule

Schule macht Spaß! Lehrer und Lehrerinnen kümmern sich um die Kinder und bringen ihnen viele verschiedene Dinge bei. Hier malen einige Schüler gerade, andere lernen kochen oder wie man einen Computer bedient. Draußen auf dem Schulhof schaut sich eine Klasse Käfer und andere Krabbeltiere mit der Lupe an. Im Sportunterricht klettern Kinder an der Sprossenwand und an Seilen.

Sport

Sachkunde

Rechnen

Klassentier

Lesen

Backen

Lehrerin

Malen und Zeichnen

Im Krankenhaus

Der Rettungswagen bringt eine verletzte Person ins Krankenhaus. Ein Arzt wird den Mann gleich untersuchen. Vielleicht muss er operiert werden. Mit dem Röntgenapparat können die Ärzte in den Patienten hineinschauen. In der Notaufnahme warten weitere Personen darauf, von den Ärzten behandelt zu werden. Manche können danach gleich wieder nach Hause, andere müssen über Nacht im Krankenhaus bleiben.

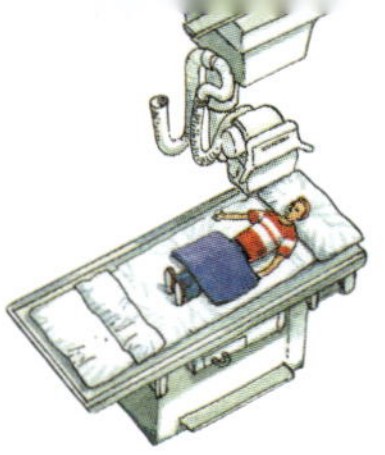
Röntgen

Notaufnahme

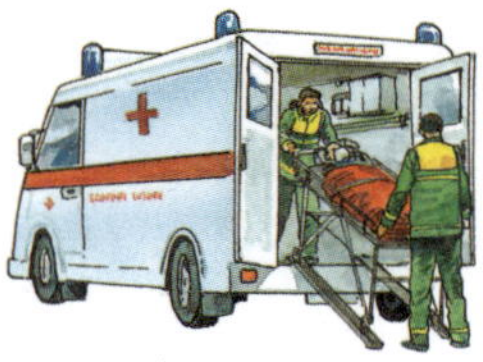
Rettungswagen

Kranken-
schwester

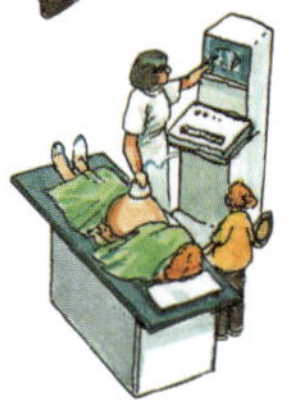
Ultraschall-
gerät

Ärztin

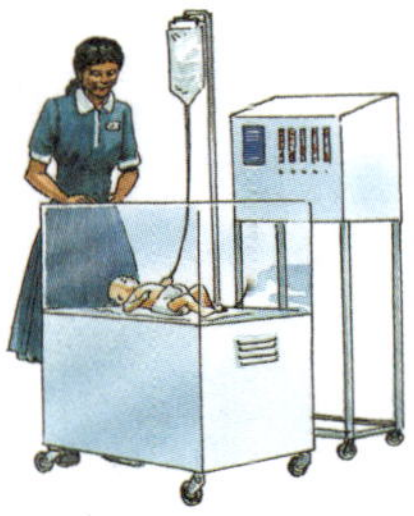
Intensivstation

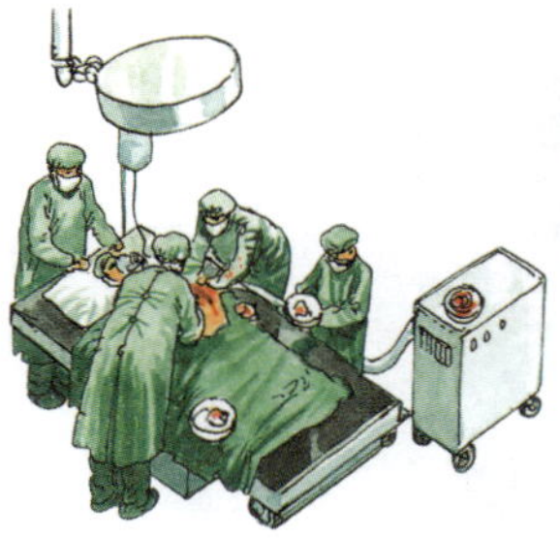
Operation

Im Regenwald

In der Wüste

Lebensräume

Im Regenwald leben manche Menschen hoch über dem Boden in Baumhäusern. Die afrikanischen Massai wohnen in Hütten aus Lehm, neben Vieh und Feld. Die Hütten haben nur einen Raum. Die Beduinen in der Wüste sind Nomaden. Das heißt, sie haben kein festes Zuhause, sondern sind ständig unterwegs. Deshalb leben sie in Zelten. In Teilen Asiens gibt es ganze Dörfer, die auf Holzpfählen im Wasser errichtet sind!

Beduinenzelt

Holz-
bearbeitung

Baumhaus

Pfefferminztee trinken

Lehmhütte

Massai-
Kinder

Haus auf dem Wasser

Auf Stelzen gehen

Auf dem Bauernhof

Heute ist viel los auf dem Bauernhof! Mit dem Mähdrescher erntet der Bauer Weizen. Die Getreidekörner fallen direkt in den Anhänger. Ein anderes Feld wird gepflügt und für die Aussaat vorbereitet. Im Obstgarten pflücken fleißige Helfer Äpfel von den Bäumen. Und die Schweine bekommen frisches Wasser. Aufgepasst, ein Tier ist gerade ausgebüxt!

Pflügen

Obsternte

Gemüsebeet

Strohballen

Pferdestall

Schafhirte

Melkstand

Mähdrescher

Auf dem Markt

An den Ständen auf dem Markt kann man viele verschiedene Dinge kaufen. Es gibt Blumen, Gewürze, Obst, Gemüse, Schmuck und sogar Kleidung. Auch der Bäcker und der Metzger verkaufen ihre Waren hier. Am Nachmittag ist der Markt vorbei und die Händler bauen ihre Stände wieder ab. Nächste Woche kommen sie wieder. Entdeckst du den Stand mit den Stofftieren?

Spielzeug

Stofftier kaufen

Porträtmaler

Imbiss

Gebrauchte Bücher

Gemüsehändler

Süßigkeitenstand

Gewürze

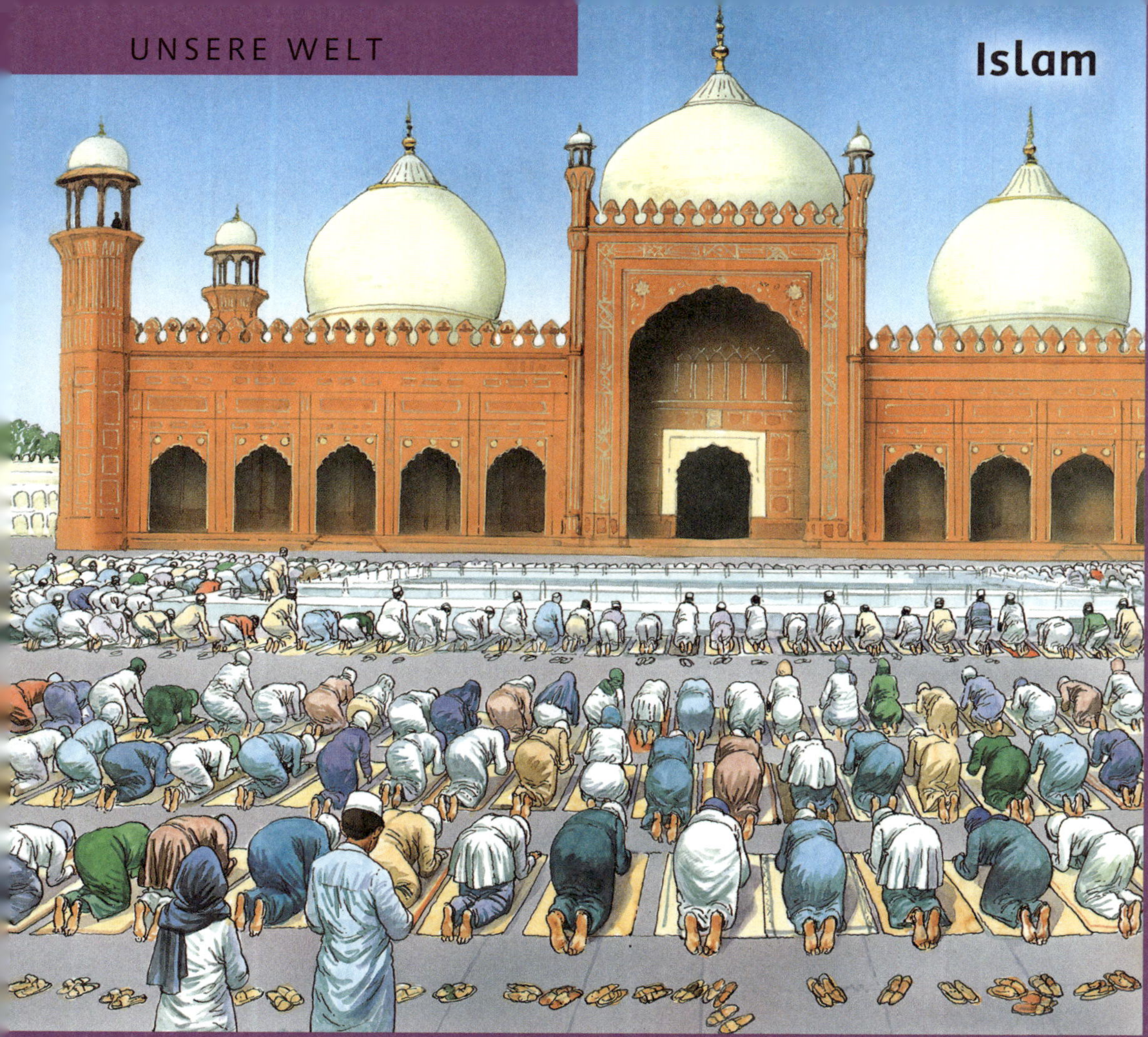
Islam

Buddhismus

Religionen

Es gibt verschiedene Religionen auf der Welt. Anhänger des Islam nennt man Muslime. Ihr Andachtsort ist die Moschee. Muslime beten fünfmal am Tag. Wie die Christen glauben auch die Muslime nur an einen Gott. Christen versammeln sich zu Gottesdiensten in der Kirche. Die Anhänger des Hinduismus verehren eine Vielzahl von Göttern. Für die Hindus ist der Ganges in Indien ein heiliger Fluss. Buddhisten folgen den Weisheiten des Buddhas.

Buddhistischer Mönch

Gebets-mühle

Katholischer Priester

Bad im heiligen Fluss

Hindu

Kruzifix

Moschee

Gebetsteppich

Im Theater

Schnell, die Vorstellung fängt an! Es bleibt gerade noch genug Zeit, ein Programmheft zu kaufen, bevor die Platzanweiserin die Eintrittskarte kontrolliert und dir deinen Platz zeigt. Das Publikum im großen Saal und auf den Rängen beobachtet die Schauspieler auf der Bühne ganz genau. Hinter der Bühne arbeiten Beleuchter und Ankleider. Die helfen den Schauspielern, die Kostüme zu wechseln.

Bühnenbildner

Bühnenarbeiter

Dirigent

Programmverkäuferin

Schauspieler

Platzanweiserin

Kontrabassist

Inspizient

Im Museum

Dieses Museum ist ein toller Ort, um etwas zu lernen. Hier erfahren Kinder, wie Elektrizität entsteht und wie ein Magnet funktioniert. Außerdem können sie herausfinden, warum es Stürme und Erdbeben gibt. Auf dem Boden gibt es ein großes Klavier, auf dem man spielen kann, indem man auf die Tasten hüpft. Welches Experiment würdest du jetzt am liebsten machen?

Magnet

Statische Elektrizität

Gewitter-Simulator

Erdbeben-Simulator

Röntgenapparat

Wasserstrudel-Simulator

Bodenklavier

Olympische Spiele

Die Olympischen Spiele finden alle vier Jahre statt. In einem großen Stadion messen sich die besten Athleten aus aller Welt in verschiedenen Wettbewerben. Die Frauen haben gerade den 100-Meter-Lauf beendet, Hochsprung und Kugelstoßen sind noch nicht entschieden.
In einer feierlichen Zeremonie bekommt der Sieger eine Goldmedaille überreicht.

Weitsprung

Kameramann

Kugelstoßen

Siegerpodest

Läuferin

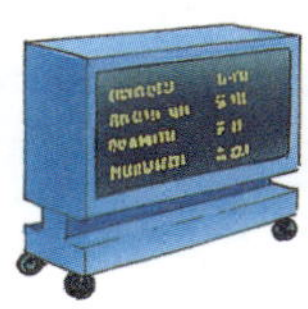

Anzeigetafel

Olympische Flamme

Kampfrichter

Dinosaurier

Vor Millionen von Jahren lebten die Dinosaurier auf der Erde. Die einzelnen Arten unterschieden sich auch durch ihr Aussehen. Der Diplodocus war besonders groß und hatte einen langen Hals. So konnte er Blätter aus den höchsten Baumkronen fressen. Andere Dinosaurier, wie der Ornitholestes, waren sehr klein. Es gab auch fliegende Saurier, wie zum Beispiel den Pterodactylus.

Ichthyosaurus
Apatosaurus
Camptosaurus
Allosaurus
Ornitholestes
Stegosaurus
Pterodactylus

Die Jahreszeiten

Im Laufe des Jahres verändert sich die Landschaft. Im Frühling blühen die Bäume und im Sommer reift das Getreide auf den Feldern. Wenn die Blätter sich verfärben und von den Bäumen fallen, ist es Herbst. Im Winter schließlich ziehen sich einige Tiere für eine lange Zeit in Nest oder Höhle zurück, um Winterschlaf zu halten. Siehst du, wie die Tierkinder über das Jahr wachsen?

Lämmer

Fliegen lernen

Blühender Baum

Futtervorrat

Fallende Blätter

Winterschlaf

Futtersuche

Herbst

Winter

Die Polargebiete

Die Region um den Nordpol herum nennt man Arktis. Der Südpol liegt in der Antarktis. Die Pole sind die kältesten Gebiete der Erde. Viele Tiere, die dort leben, haben eine besondere Fettschicht, die sie vor der Kälte schützt. Eisbären haben außerdem ein sehr dichtes Fell. Das hält sie warm, wenn sie auf der Jagd nach Robben durch das eiskalte arktische Meer schwimmen. Schau doch mal, welche Tiere wo leben!

Möwe

Robbe

Albatros

Seeelefant

Schneehase

Walross

Adeliepinguin

Kaiserpinguin

Eisbär

Im Wald

Viele Tiere im Wald, wie der Dachs, sind nachtaktiv. Sie kommen nur nachts zum Fressen aus ihrem Bau. Die Eule kann im Dunkeln besonders gut sehen. Im Sturzflug schnappt sie sich ihre Beute. Siehst du das Nest der Eule? Kaninchen und Eichhörnchen suchen am Boden nach Nüssen und Beeren. Dank ihrer Fell- oder Gefiederfarbe kann man viele Tiere nur schwer entdecken.

Igel

Taube

Fledermaus

Dachs

Eule

Wildschwein

Fuchs

Damhirsch

Im Regenwald

Im Regenwald ist es ganz schön laut! Hoch oben in den Bäumen machen die Brüllaffen Krach. Sie klingen wie Löwen! Auch die Aras kreischen laut. Große, farbenfrohe Schmetterlinge flattern umher. Ganz leise geht es am Boden zu, der Jaguar macht lautlos Jagd auf seine Beute. Der Regenwald ist außerdem der Lebensraum vieler verschiedener Insekten und Spinnen. Entdeckst du die Anakonda?

Pfeilgiftfrosch

Brüllaffe

Kolibri

Roter Ibis

Anakonda

Riesen-Wasserlilie

Hellroter Ara

Jaguar

In der Wüste

Wüsten sind Gebiete, in denen es so gut wie nie regnet. Es ist dort heiß und dürr. Viele Wüsten sind felsig, einige bestehen aber auch nur aus Sand. Tagsüber, während es sehr heiß ist, hausen viele kleine Tiere, wie die Kängururatten, unter der Erde. Erst in der Nacht, wenn es deutlich kühler ist, kommen sie zum Fressen heraus.

Tarantel

Skorpion

Klapperschlange

Maultierhirsche

Kojote

Hase

Nabelschwein

Rotluchs

Gila-Krustenechse

Die Savanne

Die trockenen Steppen Afrikas nennt man Savannen. Dort leben Herden pflanzenfressender Tiere, wie Zebras oder Antilopen. Um zu trinken und zu baden, suchen die Herden Wasserstellen auf. Die Tiere sind immer auf der Hut vor Feinden, wie den Löwen oder Geparden. Hyänen sind Aasfresser, das heißt, sie fressen die Überreste getöteter Tiere.

Hyänen

Löwe

Strauß

Giraffen

Warzenschwein

Afrikanischer Elefant

Paviane

Nashorn

In den Bergen

Tiere, die in den Bergen zu Hause sind, haben sich ihrer Umgebung angepasst. Der Steinadler hat kräftige Flügel, mit denen er auch bei starken Winden sicher fliegen kann. Außerdem hat er gute Augen, sodass er seine Beute aus großer Entfernung erspähen kann. Schneeleoparden haben Fell an den Pfoten, das sie vor Kälte schützt. Sie machen Jagd auf Steinböcke und Pfeifhasen.

Edelweiß
Alpendohle
Pfeifhase
Schneeleopard
Murmeltier
Steinbock
Steinadler
Schwarzbär

Das Korallenriff

Korallen entstehen aus Kalkskeletten winziger Lebewesen. Es gibt sie in vielen Formen und Farben. Eine große Anhäufung solcher Korallen nennt man Riff. Viele Meerestiere, wie Tintenfisch oder Seepferdchen, leben hier. Die Taucherin trägt eine große Sauerstoffflasche auf dem Rücken. Dadurch kann sie unter Wasser atmen und das Korallenriff erforschen.

Weißer Hai

Drückerfisch

Seepferdchen

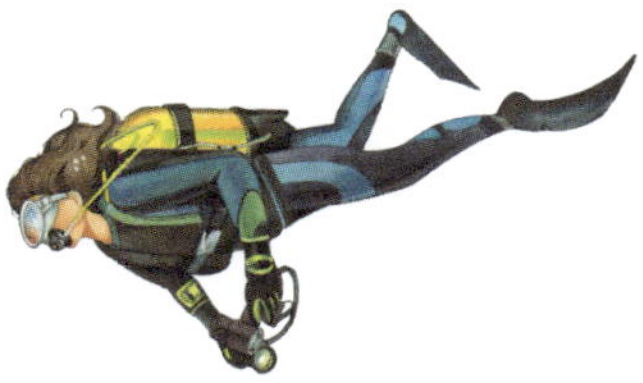
Taucherin

Juwelenbarsch

Koralle

Krake

Unter der Erde

Wir können es zwar nicht sehen, aber viele Tiere leben unter der Erde. Manche, wie die Maulwürfe, graben Tunnel in den Boden auf der Suche nach Insekten oder Würmern. Spinnen machen Jagd auf Ameisen, Käfer und andere kleine Tiere, die in der Erde leben. Einige Tiere haben zwischen den Baumwurzeln Höhlen für ihre Jungen gegraben.

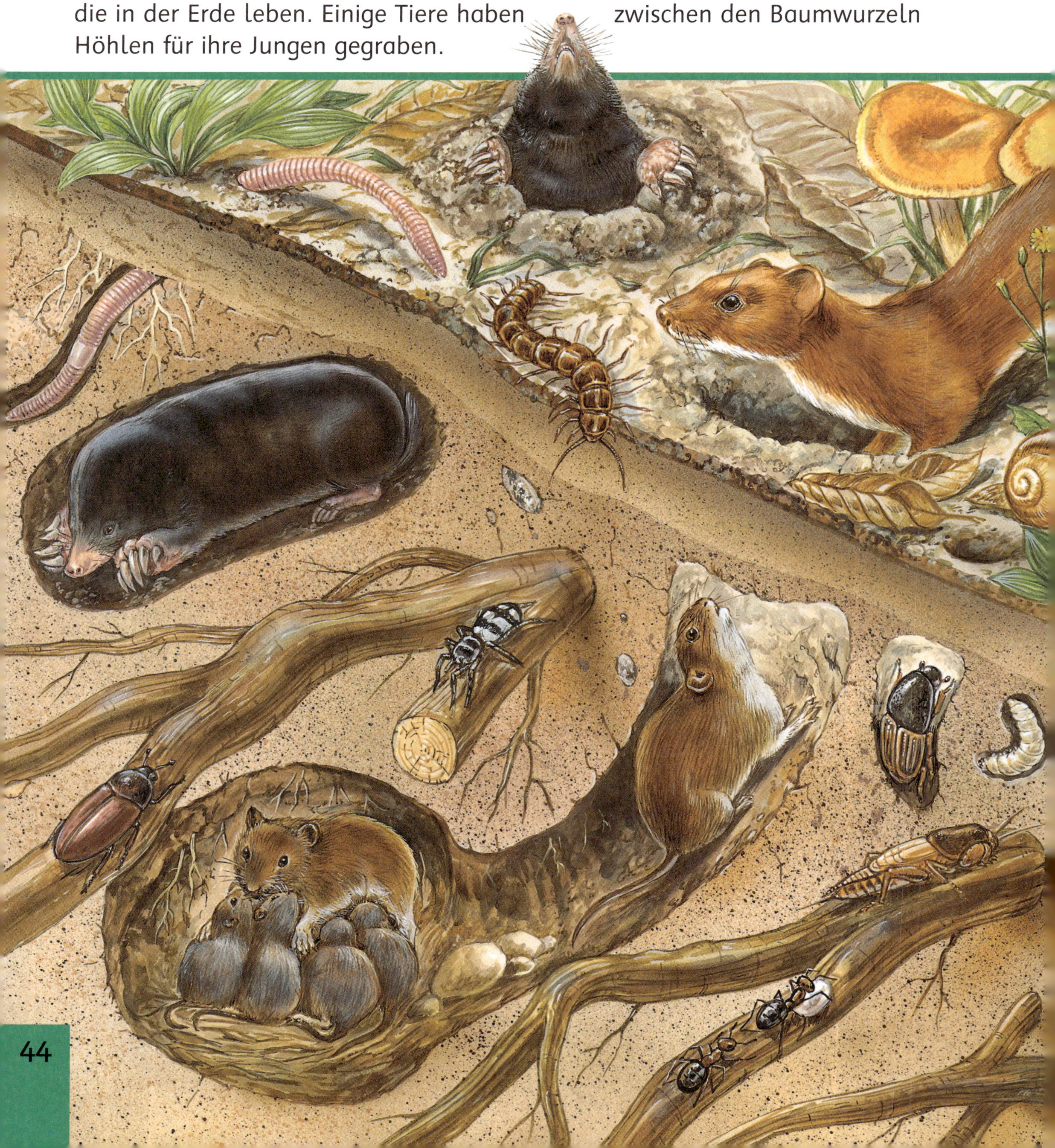

Regenwurm

Ameise

Spinne

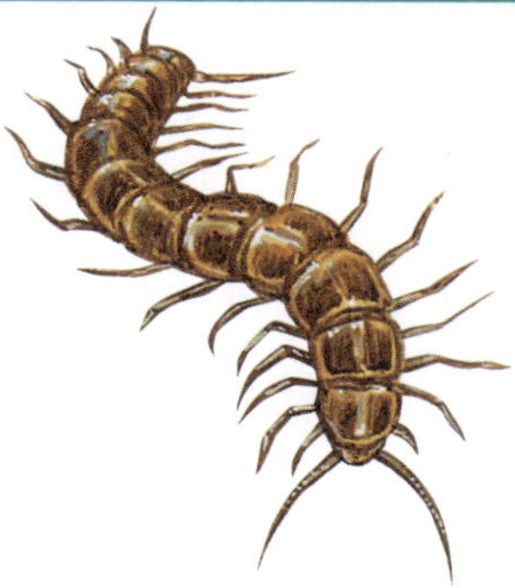
Tausendfüßer

Biene

Schnecke

Grille

Haselmaus

09:43
15°c
café
2
3
4

Am Bahnhof

Am Bahnhof herrscht viel Betrieb. Den ganzen Tag über kommen Züge an und fahren ab. Vom Bahnhof aus kann man fast überall hinfahren. Zuerst muss man sich am Schalter oder am Automaten einen Fahrschein kaufen. Auf der großen Anzeigetafel sieht man, auf welchem Gleis der Zug abfährt. Einige Leute müssen rennen, um ihren Zug noch zu erreichen. Andere haben noch Zeit und warten im Café.

Elektrowagen

Verabschiedung

Zug

Schalter

Zugführer

Schaffner

Getränkeverkäuferin

Straßenmusiker

Im Hafen

Im Hafen legen Schiffe an. Auch Fischerboote und Jachten haben hier festgemacht. Eine große Fähre nimmt gerade Passagiere auf, um sie über den See oder das Meer zu bringen. Die Passagiere fahren ihre Autos auf das Schiff und gehen anschließend an Deck. Auf großen Fähren wie dieser gibt es sogar ein Restaurant und Geschäfte. Entdeckst du den Künstler, der die verschiedenen Schiffe malt?

Jetboot
Angeln
Fähre
Jacht
Öltanker
Taucher
Fischerboot
Leuchtturm

NOVO

An der Tankstelle

An dieser Tankstelle können Autofahrer nicht nur ihr Fahrzeug betanken. Sie können auch in dem kleinen Laden einkaufen, den Luftdruck der Reifen prüfen, ihr Fahrzeug waschen – oder sogar ein neues Auto kaufen! Ist das alte kaputt, kann es der Mechaniker reparieren. Der Abschleppwagen bringt gerade ein Auto, das bei einem Auffahrunfall beschädigt wurde.

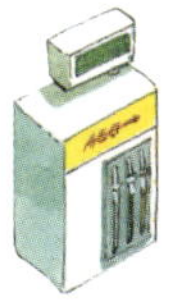
Zapfsäule

Tankwagen

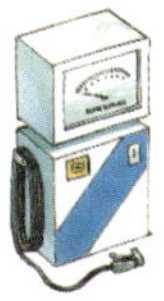
Luftdruckmessgerät

Mechaniker

Radfahrer

Abschleppwagen

Motorradfahrer

Waschanlage

Auf der Baustelle

Auf der Großbaustelle werden viele Arbeiter und Maschinen gebraucht. Ein Kran transportiert die schweren Baumaterialien an die Stelle, an der sie verarbeitet werden. In den oberen Stockwerken des Neubaus wird Beton verteilt. Der Zimmermann sägt Fußbodenbretter zurecht. Die Planierraupe beseitigt den Bauschutt. Architekten überwachen, dass das neue Gebäude sicher und stabil ist.

Kipplaster

Drucklufthammer

Kran

Planierraupe

Zimmermann

Architekten

Ramme

DF 103
DF 103
LHR 214

Am Flughafen

Eine Urlaubsreise mit dem Flugzeug beginnt am Flughafen. Dort geht man zunächst zum Check-in-Schalter. Die Flugtickets werden geprüft und die Passagiere geben ihr Gepäck ab, damit es in das Flugzeug geladen wird. Danach geht es durch die Sicherheitskontrolle in die Abflughalle. Hier warten die Reisenden, bis ihr Flug aufgerufen wird. Von der Abflughalle aus sieht man andere Flugzeuge starten oder landen.

Check-in-Schalter

Geldwechsel

Passkontrolle

Kontrollturm

Start

Gepäckband

Gepäckkontrolle

Flugbegleiterin

Die Feuerwehr

Auf der Feuerwache ist ein Notruf eingegangen. Es brennt in einem Haus ganz in der Nähe! Die Feuerwehrleute ziehen rasch ihre Schutzanzüge an und laufen zu ihren Fahrzeugen. Am Einsatzort angekommen beginnen die Löscharbeiten. Um eingeschlossene Bewohner aus dem brennenden Haus zu retten, benutzt die Feuerwehr Leitern und das Sprungpolster.

Auf der Feuerwache

Erstversorgung

Rettung

Feuerwehrmann

Löschen

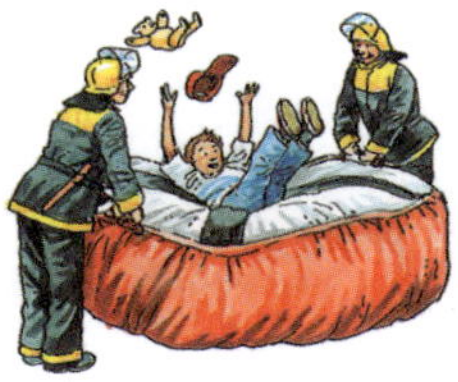
Sprungpolster

Löschfahrzeug

Einsatzzentrale

Schlauch

Im Einsatz

Bei der Zeitung

Rund um die Uhr arbeiten viele Menschen daran, dass jeden Tag eine Zeitung erscheint. Journalisten schreiben Artikel, der Chefredakteur wählt die besten Texte und Bilder aus. Dann wird die Zeitung gedruckt und gefaltet. Die fertigen Zeitungen werden auf Lastwagen verladen und an Geschäfte und Kioske geliefert, die sie am nächsten Morgen verkaufen.

Journalistin

Fertige Zeitungen

Kurier

Lastwagen

Fotograf

Drucker

Chefredakteur

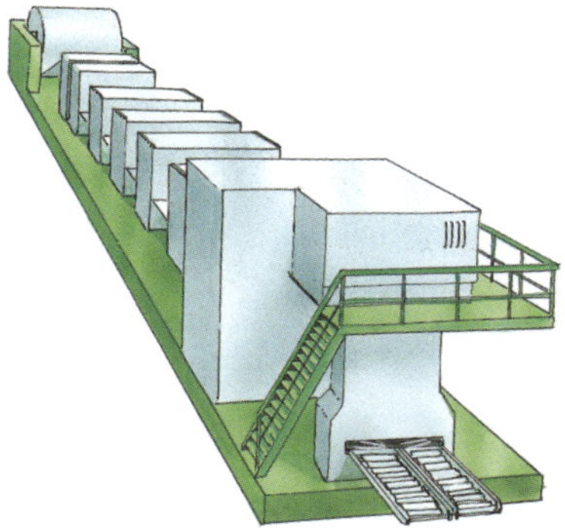
Druckmaschine

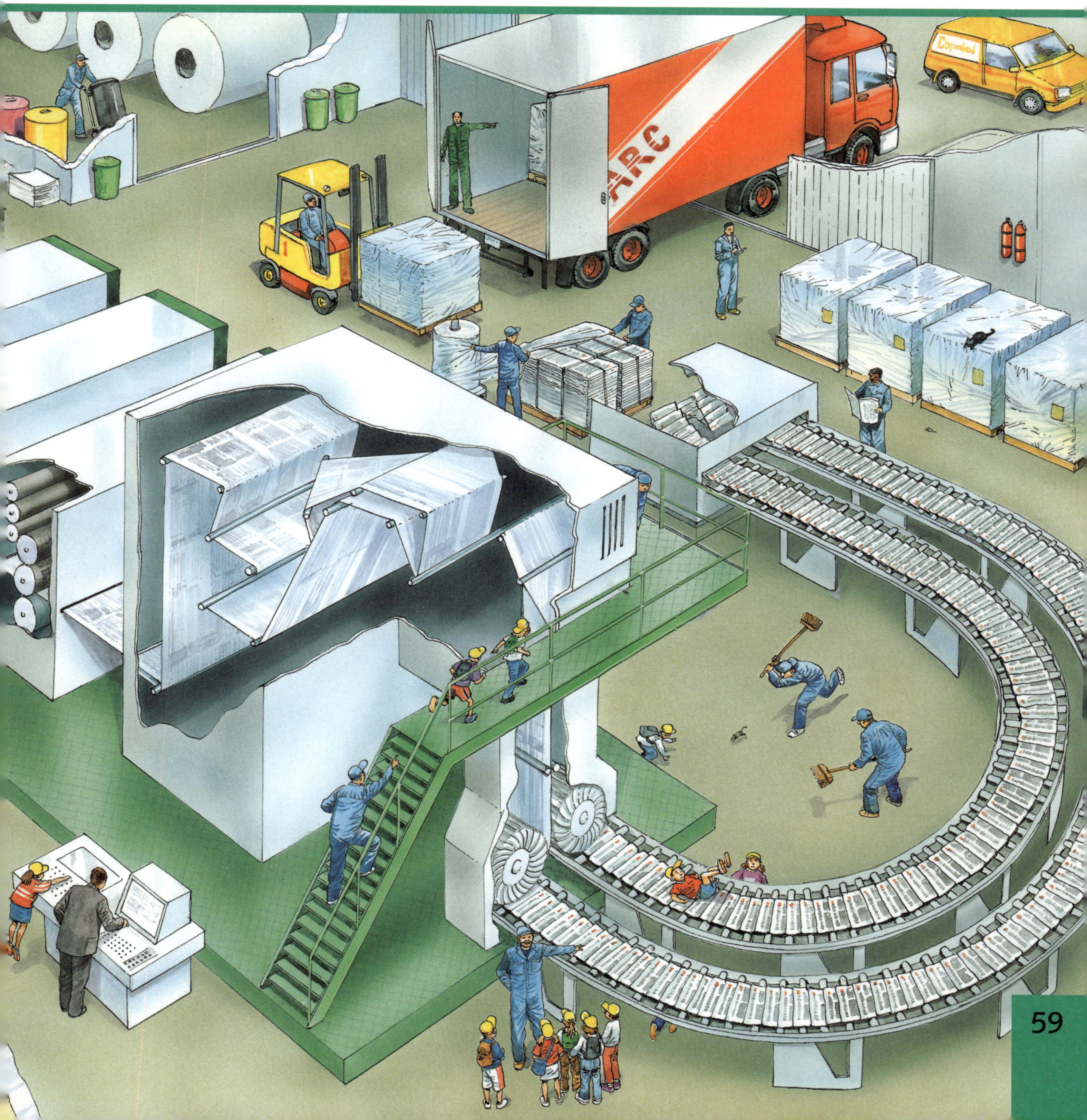

Beim Film

Die Schauspieler sind bereit, sie tragen Kostüme und Make-up. Wenn jetzt der Regisseur ein Zeichen gibt, gehen die Dreharbeiten los. Der Kameramann startet die Kamera. Der Film, der hier gedreht wird, spielt vor mehr als 200 Jahren. Im Filmstudio wurden dafür Kulissen aufgestellt, die aussehen wie eine Stadt zu dieser Zeit. Wohin gehen die Schauspieler wohl in der Drehpause?

Kameramann

Regisseur

Tontechniker

Beleuchter

Maskenbildnerin

Tiertrainerin

Kostümbildner

Cutter

Im U-Boot

U-Boote sind Schiffe, die unter Wasser fahren können. Sie können für Monate abtauchen! Um dennoch an der Wasseroberfläche Ausschau halten zu können, hat das U-Boot ein Sehrohr, das Periskop. Es gibt auch kleinere Forschungs-U-Boote. Mit diesen können tiefere, schwer zugängliche Bereiche des Meeres erforscht werden. Hier untersuchen die Forscher gerade ein altes Schiffswrack.

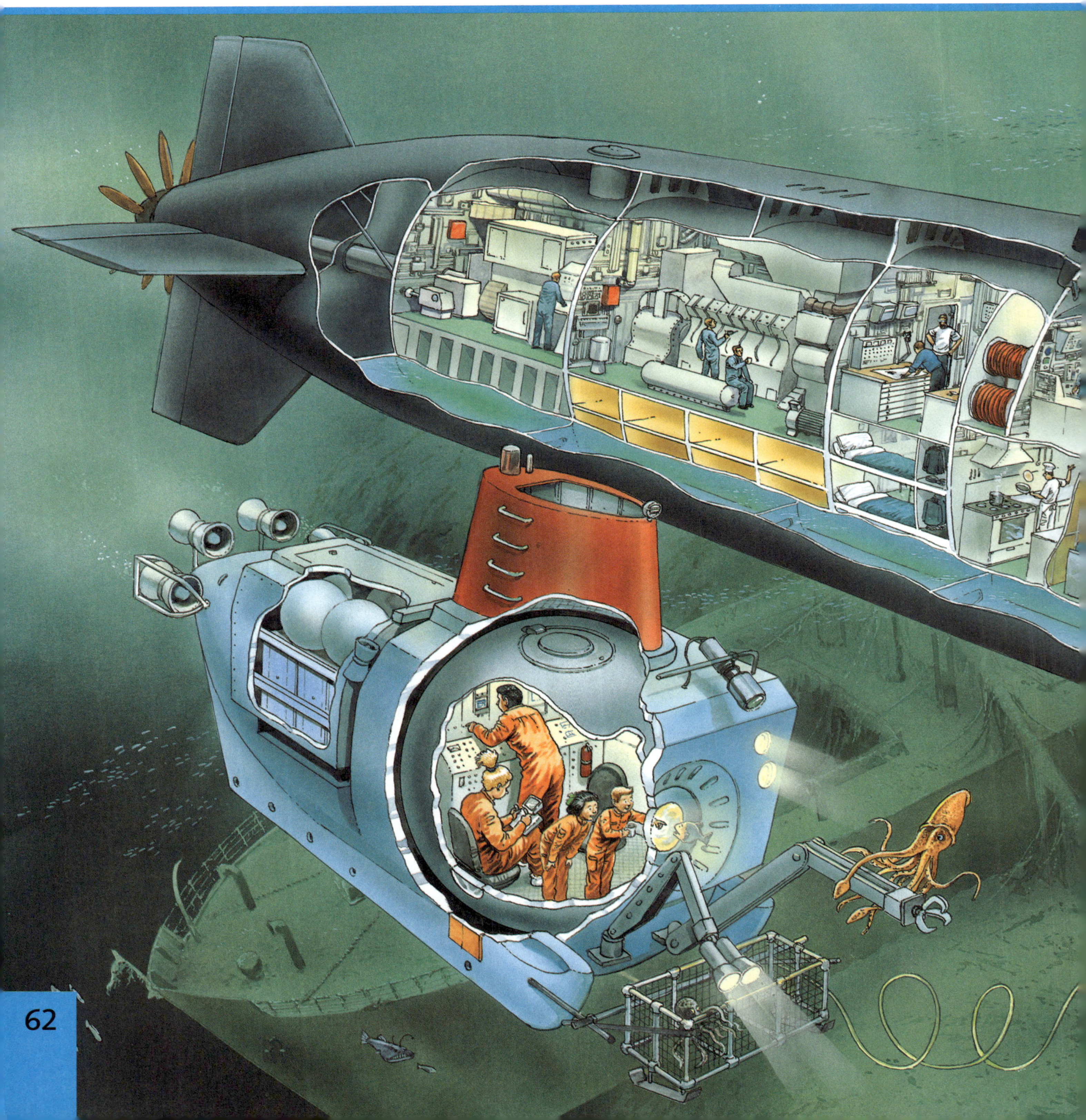

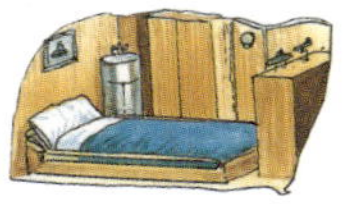
Käpitänskajüte

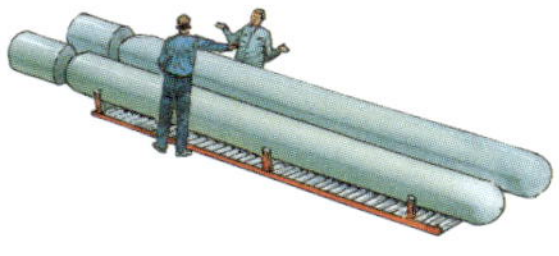
Torpedos

Mannschafts-
quartier

Schiffswrack

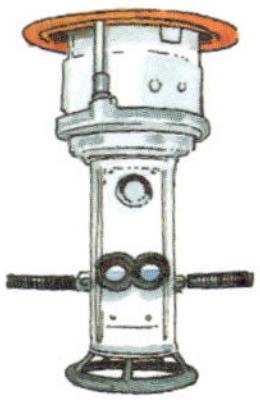
Periskop

Sonde

Kontrollraum

Forschungs-U-Boot

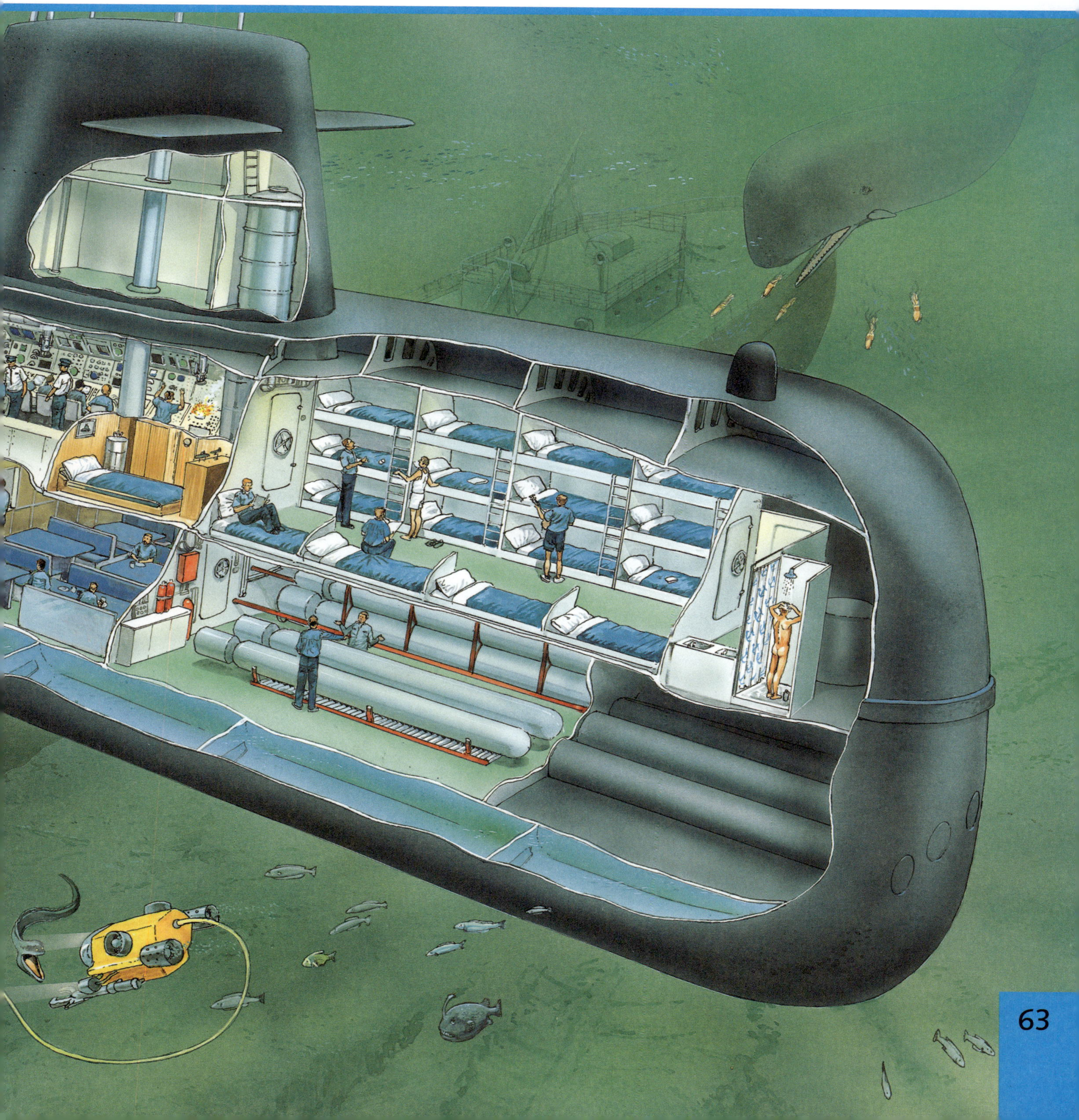

Raumfahrt

Die Raumfähre steht auf der großen Startrampe. Gleich geht es los ins All! Die Astronauten machen sich bereit. Die riesigen Triebwerke schießen die Raumfähre in hohem Tempo nach oben. In ihrer Ladebucht transportiert sie einen Satelliten in den Weltraum. Während der Zeit im All herrscht Schwerelosigkeit an Bord. Wenn die Astronauten nicht angeschnallt sind, schweben sie im Inneren der Raumfähre umher.

Raumfähre

Raumanzug

Reporter

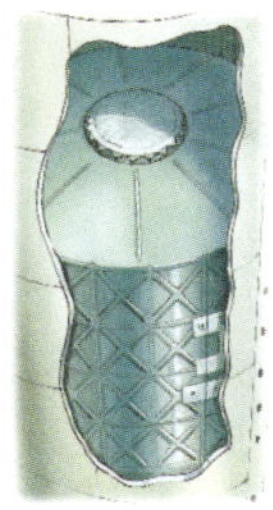
Ladebucht

Techniker

Cockpit

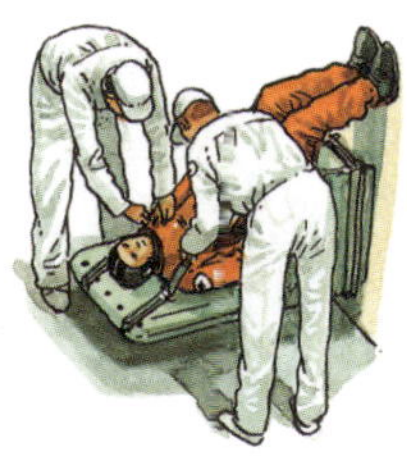
Anschnallen

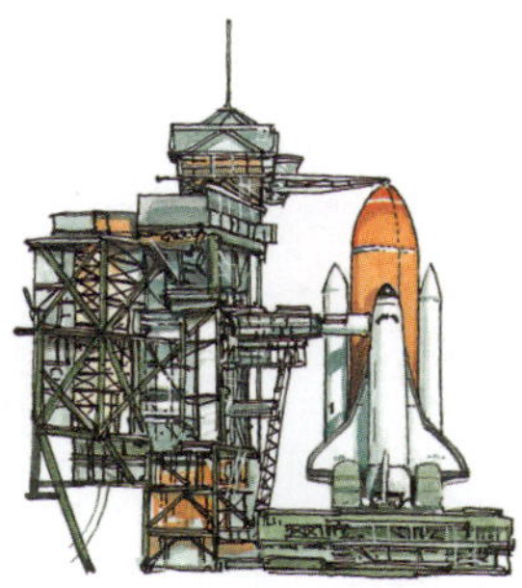
Startrampe

In der Steinzeit

In der Steinzeit, vor vielen tausend Jahren, lebten Menschen in Höhlen. Sie malten Bilder an die Wände, die man noch heute sehen kann. Um etwas zu essen zu haben, jagten sie Tiere, wie zum Beispiel Mammuts. Für die Jagd benutzten die Menschen hölzerne Speere mit einer Spitze aus Stein. Außerdem fischten sie und sammelten Beeren. Als Kleidung trugen die Steinzeitmenschen Tierfelle.

Jagen

Speer bauen

Stiefel schnüren

Fischfang mit Speer

Bestattung

Bein schienen

Kochen

Beeren sammeln

Das alte Ägypten

Vor etwa 4500 Jahren wurde Ägypten von einem mächtigen König beherrscht. Einen solchen König nannte man Pharao. Eine riesige Pyramide wurde für ihn als Grabstätte gebaut. Tausende Sklaven bauten viele Jahre an einer Pyramide. Jeder Stein musste von Hand in die richtige Form gehauen werden. Tiere halfen beim Transport der Steine. Siehst du die Esel?

Wässerung der Spur

Pyramide

Pharao

Transport eines Steinblocks

Esel

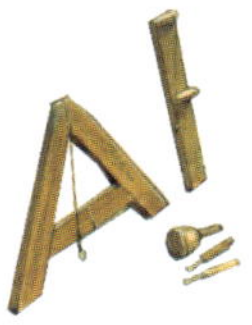

Werkzeuge

Hohepriester

Boot

Das alte Griechenland

Um 500 vor Christus war Griechenland ein reiches und bedeutendes Land. In den Städten gab es Freilufttheater und Tempel, in denen die Menschen die Götter verehrten. Die Schauspieler im Theater trugen Masken. Jede Stadt hatte eine eigene Armee. Mit langen Schiffen, den sogenannten Trieren, zogen die Soldaten in kriegerische Auseinandersetzungen.

Sklave

Triere

Schauspieler

Bildhauer

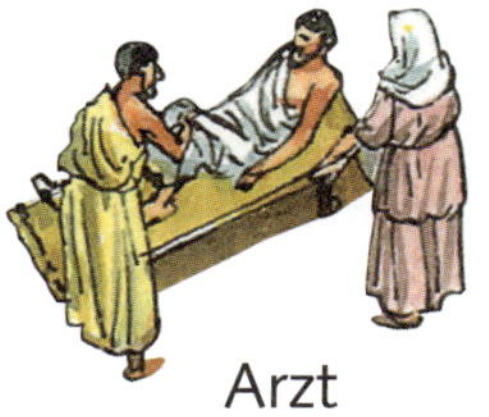
Arzt

Redner

Äskulap,
Gott der Heilung

Tempel

Im alten Rom

Rom war einst die Hauptstadt eines großen und mächtigen Reiches. In der Stadt gab es öffentliche Bäder, Märkte und viele Statuen. Die Römer liebten Wettkämpfe, wie das Wagenrennen. Hier ist der Kaiser gerade auf dem Weg in das Amphitheater, um sich die Gladiatorenkämpfe anzuschauen. Er entscheidet darüber, wer den Wettkampf schließlich gewinnt.

Badende

Gladiatoren

Trittsteine

Bäcker

Toilette

Römischer Kaiser

Soldat

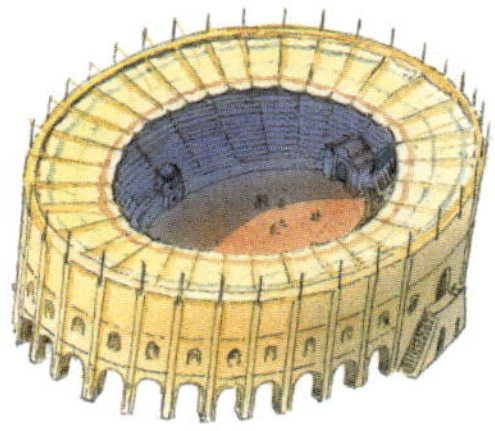

Amphitheater

Die Chinesische Mauer

Vor mehr als 2000 Jahren beschloss der Kaiser von China, die Chinesische Mauer zu bauen. Er wollte dadurch Angreifer aus dem Norden abhalten. Es dauerte viele Jahre, die Mauer zu errichten. Arbeiter mussten die Steine in Körben aus dem Steinbruch zur Baustelle tragen. Als die Chinesische Mauer schließlich fertig war, war sie über 6000 Kilometer lang.

Steinmetz

Aufseher

Wache

Maurer

Träger

Soldat

Steinbruch

Kaiser von China

Die Wikinger

Die Wikinger lebten vor 1000 Jahren in Skandinavien. Sie waren zumeist Bauern oder Fischer, vor allem aber sehr geschickte Handwerker und Schiffsbauer. Dem vorderen Teil ihrer Boote, dem Bug, gaben sie oft eine besondere Form, zum Beispiel die eines Drachenkopfes. Auch ihre Häuser verzierten sie mit Schnitzereien. Einige Männer und Frauen segelten über die Meere, um sich in fernen Ländern niederzulassen.

Holz hacken

Markt

Dach decken

Wikinger-Krieger

Drachenkopf

Aufhängen von Tierhäuten

Geschichtenerzähler

Weben

Ritter und Burgen

Im Mittelalter lebten wohlhabende Adlige mit ihren Rittern und Wachen in Burgen. Die Burgen waren auf Anhebungen erbaut, sodass sie nur schwer anzugreifen waren. Als besonderer Schutz waren einige Burgen von tiefen Gräben umgeben, die mit Wasser gefüllt waren. Durch schmale Öffnungen in der äußeren Burgmauer feuerten Bogenschützen Pfeile auf Angreifer.

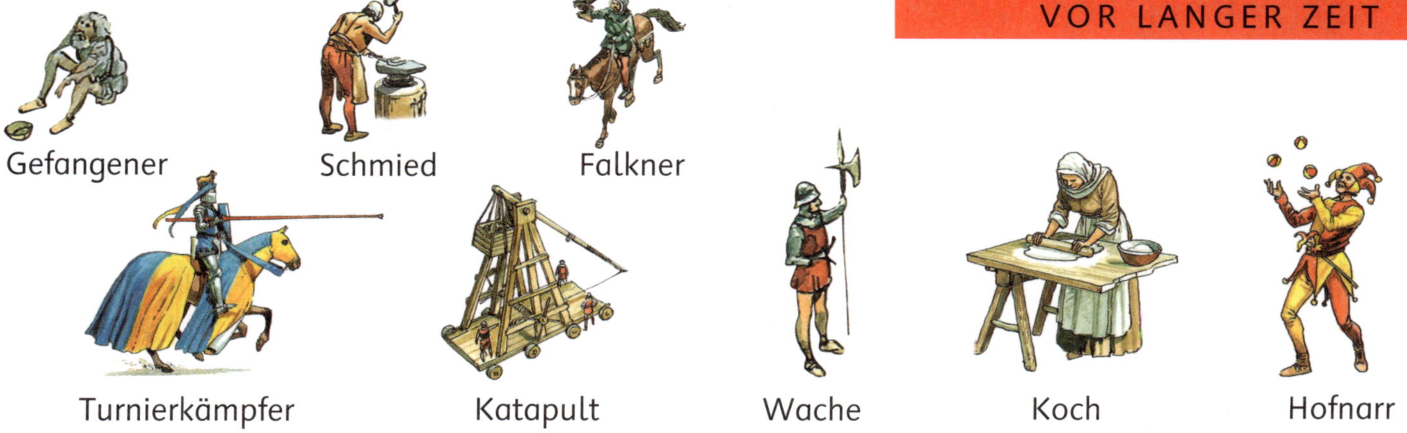
Gefangener
Schmied
Falkner
Turnierkämpfer
Katapult
Wache
Koch
Hofnarr

Die Azteken

Die Azteken herrschten vor 500 Jahren über ein mächtiges Reich in Mexiko. Sie waren geschickte Handwerker. In ihren Städten bauten sie große Paläste und Tempel in Form von Pyramiden. Religion war sehr wichtig für die Azteken, die eine Vielzahl von Göttern verehrten. Das Ballspiel war ein beliebter Sport. Bei religiösen Zeremonien kamen die Voladores zum Einsatz.

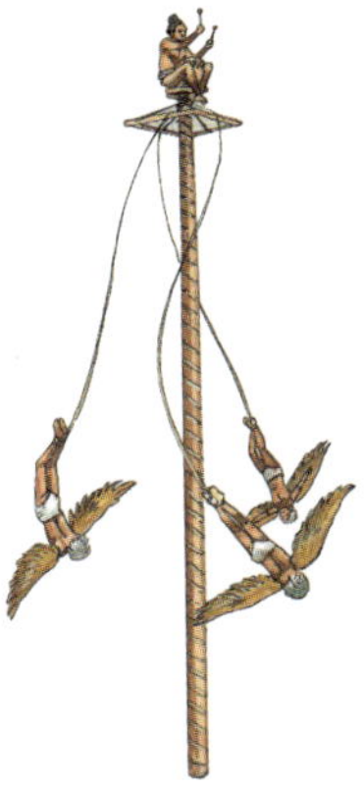
Voladores

Markt

Tempel

Korb flechten

Träger

Jaguar-Krieger

Ballspiel

Aztekischer Herrscher

Piratenangriff

Spanische Galeonen brachten vor 400 Jahren Schätze wie Gold über die Meere aus Amerika. Die großen Segelschiffe wurden oft von Piraten angegriffen. Die Besatzung der Galeone wusste, dass sie in Gefahr war, wenn sie die Piratenflagge, den Jolly Roger, sah. Sie feuerten Kanonen ab, um das feindliche Schiff zu versenken. Wo lagern die Schätze an Bord der Galeone?

Verlassen des Schiffes

Kanone

Jolly Roger

Soldaten

Takelage

Pirat

Schatz

Ruderboot

Im Wilden Westen

Vor vielen Jahren lebten Indianerstämme in den weiten Ebenen Nordamerikas. Die Stämme hatten ihre eigenen Sprachen und Kleidung mit unterschiedlichen Mustern. Sie lebten in kegelförmigen Zelten, den sogenannten Tipis. Später kamen Siedler aus Europa nach Amerika, um die Ebenen als Weideflächen für ihr Vieh zu nutzen. Sie bauten Eisenbahnstrecken und Städte.

Bei den Indianern

Sheriff

Fuhrwerk

Cowboy

Tipi

Bandit

Indianer-
häuptling

Tierhäute
säubern

Indianischer
Krieger

In der Stadt

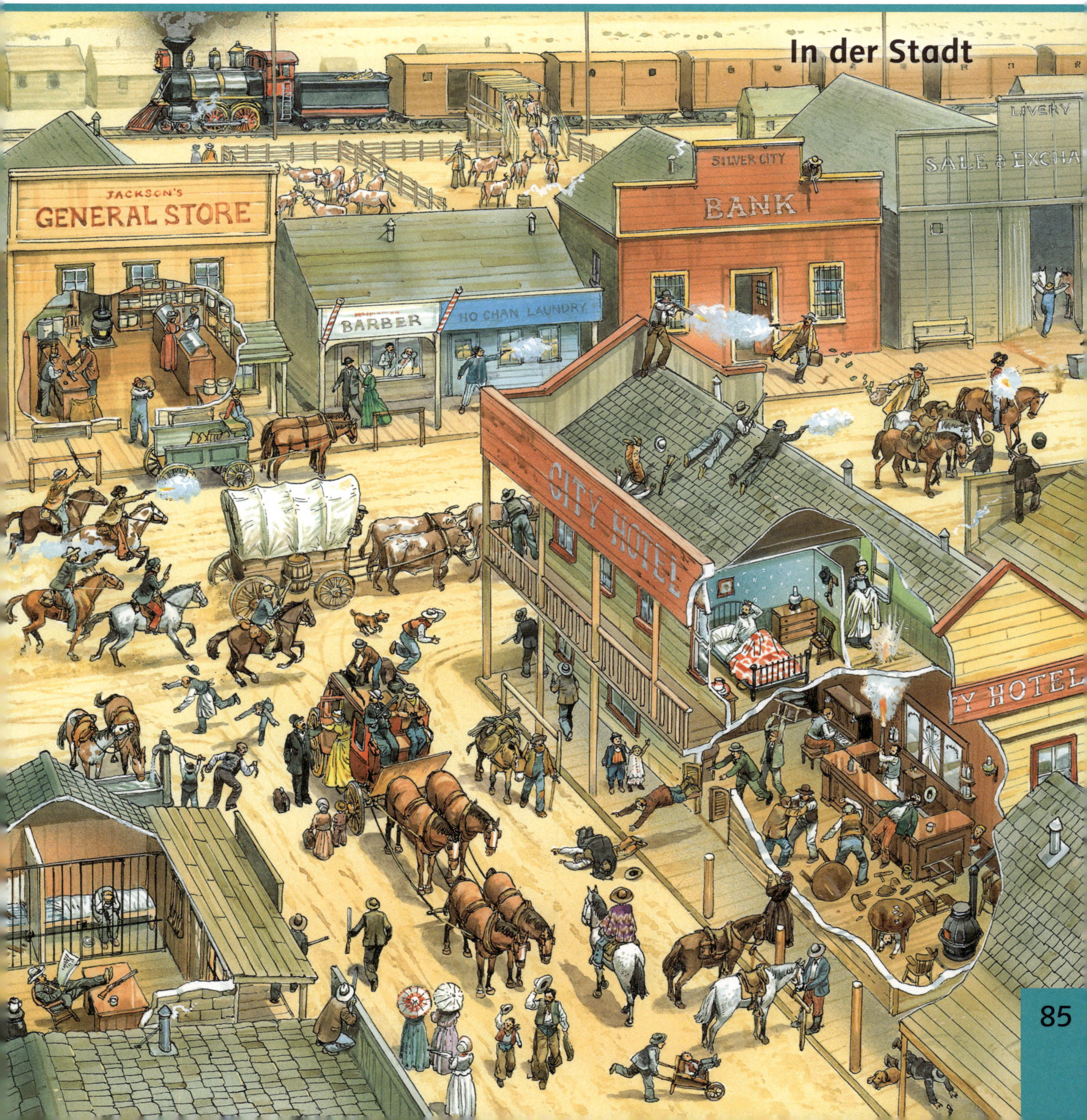

In der Stadt

Im Hotel kann man übernachten. Die Zimmer werden täglich sauber gemacht und morgens gibt es Frühstück.

Im voll besetzten Kino läuft der neueste Film.

Diese Büroangestellten schreiben Berichte und E-Mails.

In der Schule

In manchen Schulen können die Schüler in der Mittagspause in der Mensa essen.

Im Kunstunterricht stellen die Schüler Figuren aus Ton her. Wenn sie fertig sind, dürfen sie die Kunstwerke mitnehmen.

Dieses Mädchen hat seinen ersten Tag in der neuen Schule. Die Schulsekretärin erklärt ihm, wo der Klassenraum ist.

Im Krankenhaus

Dieser Patient ist bei der Krankengymnastik. Hier macht er Übungen, um seine Muskeln zu stärken. Bald kann er wieder ohne Hilfe laufen.

Auf dem Markt

Auf dem Markt kann man fast alles finden – sogar Antiquitäten!

Dieser Junge probiert einen frisch gepressten Orangensaft.

Die Händlerin verkauft Schnittblumen aus aller Welt. Ihr Stand ist so schön bunt!

Religionen

An Weihnachten wird ein Krippenspiel aufgeführt. Es zeigt die Geburt Jesu.

In buddhistischen Zeremonien kommen häufig Blumenketten zum Einsatz.

Bei den Muslimen beten Männer und Frauen getrennt voneinander.

Im Theater

Umgeben von viel künstlich erzeugtem Rauch erscheint der Schauspieler durch eine Geheimtür im Boden auf der Bühne.

Chirurgen desinfizieren ihre Hände vor der Operation.

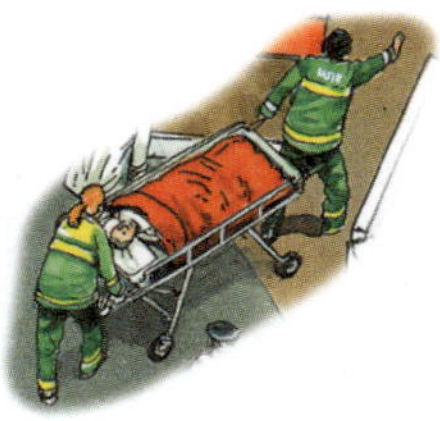

Die Rettungssanitäter bringen einen Verletzten.

Lebensräume

Früher zogen Beduinen mit Kamelen umher. Heute haben viele Autos.

In den Baumhäusern leben Mensch und Tier zusammen.

Diese Jungen haben Spaß beim Basketball. Aber Vorsicht, dass der Ball nicht ins Wasser fällt!

Auf dem Bauernhof

Milch wird in einem speziellen Tankwagen transportiert. So bleibt sie frisch und kühl.

Im Schweinestall ist es sehr schlammig. Die Tiere lieben das!

Dieser Stier hat den ersten Preis bei einem großen Wettbewerb gewonnen.

Der Beleuchter steuert das Licht. Ganz schön viele Knöpfe, was?

Das Orchester spielt während der Aufführung.

Im Museum

Bei diesem Explosionsexperiment bleibt von dem Modellhaus nicht viel übrig.

Das Mädchen filmt seine Freunde beim Singen.

Was für ein Spiegel! Wenn man sich darin betrachtet, sieht man ganz komisch aus.

Olympische Spiele

Der Arzt untersucht eine Sportlerin, die umgeknickt ist.

Die fünf Ringe stehen für fünf Kontinente der Erde: Europa, Afrika, Asien, Australien und Amerika.

Die Zuschauer sehen die Athleten auch auf der Videowand.

Dinosaurier

Allosaurier jagten in Gruppen. So konnten sie auch größere Dinosaurier angreifen.

Um an die Blätter in der Baumkrone zu gelangen, stellte sich der Apatosaurus auf seine Hinterbeine.

Der Liopleurodon lebte im Wasser, nicht an Land.

Die Jahreszeiten

Im Frühling bauen die Vögel Nester. Nach dem Schlüpfen werden die Jungen mit Würmern und Insekten gefüttert.

Junge Eichhörnchen lernen von ihrer Mutter, wie man eine Nuss knackt.

Im Winter drängen sich die Schafe aneinander, um sich zu wärmen.

Die Polargebiete

Junge Kaiserpinguine stehen auf den Füßen ihrer Väter, um warm zu bleiben.

Im Arktischen Meer schwimmen Orcawale.

In der Wüste

Kakteen gibt es in vielen Formen und Größen. Die Stacheln halten hungrige Tiere fern.

Der Elfenkauz nistet im Kaktus, um sich vor der heißen Wüstensonne zu schützen.

Tagsüber schläft die Känguruheratte in ihrem Bau unter der Erde.

Die Savanne

Damit seine Haut nicht austrocknet, verbringt das Nilpferd die meiste Zeit im Wasser.

Die Giraffe spreizt ihre Vorderbeine und senkt den Hals, um trinken zu können.

Eine Herde Zebras verwirrt mit ihren Streifen mögliche Angreifer.

Das Korallenriff

Eine Gruppe von Fischen nennt man Schwarm.

Ein Seestern bewegt sich auf Hunderten kleiner Füße.

Wale müssen an die Wasseroberfläche kommen, um zu atmen.

Im Wald

Die Waldschnepfe auf ihrem Nest fällt zwischen den heruntergefallenen Blättern nicht auf.

Fledermäuse schlafen tagsüber. Dabei hängen sie kopfüber in hohlen Bäumen oder Höhlen.

Das Fasanenmännchen hat einen auffälligen, langen Schwanz.

Im Regenwald

Affen schwingen sich an Lianen durch die Bäume. Sie benutzen die Kletterpflanzen als Seile.

Es gibt Tausende Arten von Pflanzen und Schmetterlingen im Regenwald.

Faultiere bewegen sich sehr langsam. Manchmal brauchen sie einen Tag für ein paar Meter!

Im Laufe der Zeit bedecken Korallen ein Schiffswrack.

Es wird so ein Teil des Riffs und ein Zuhause für viele Fische.

In den Bergen

Murmeltiere sammeln Blumen und Blätter und nehmen sie mit in ihren Bau.

Yaks sind mit Kühen verwandt. Sie haben ein dichtes Fell, das sie warm hält.

Steinbock und Gams sind Ziegenarten. Sie können hervorragend klettern.

Unter der Erde

Maulwürfe sind fast blind. Unter der Erde, wo sie die meiste Zeit verbringen, stört sie das nicht.

Manche Tiere ziehen ihre Jungen unter der Erde auf. Dort sind sie sehr sicher.

Ameisen leben und arbeiten in einer großen Gruppe, einem sogenannten Ameisenstaat.

Am Bahnhof

Dieser Junge erkundigt sich am Informationsschalter nach dem Weg.

Ein großer Stadtplan weist den Weg in die Stadt.

Die Reisenden warten auf ihren Zug, der Verspätung hat.

Im Hafen

Dieser Händler verkauft Fische, die früh am Morgen gefangen wurden.

Kräne verladen Container auf riesige Schiffe.

Diese Frau sonnt sich an Deck der Luxusjacht.

An der Tankstelle

Diesem Mann ist das Benzin ausgegangen. Er muss zur Tankstelle laufen. Dort befüllt er seinen Kanister mit Benzin.

Die Feuerwehr

Feuerwehrleute tragen Schutzkleidung, um sich vor dem Feuer zu schützen.

Dieser Feuerwehrmann benutzt statt der Treppe die Rutschstange. Das spart Zeit.

Über die ausgefahrene Drehleiter erreicht der Feuerwehrmann das obere Stockwerk, in dem es brennt.

Bei der Zeitung

Die Zeitung wird mit vier Farben gedruckt: Blau, Rot, Gelb und Schwarz.

Große Druckmaschinen können mehr als 1000 Zeitungen in der Minute produzieren.

Journalisten verfolgen die Nachrichten aus aller Welt.

Beim Film

Diese Mitarbeiterin schreibt die Details jeder Szene auf. Beim Weiterdrehen der Szene soll es schließlich keine Fehler geben!

Wenn das Auto auf der Hebebühne steht, kann der Mechaniker es von unten anschauen.

An sonnigen Tagen ist es schön, im Cabrio zu fahren.

Statisten haben kleine Rollen.

Der Tonmeister stellt die Musik für den Film zusammen.

Auf der Baustelle

Auf der Baustelle muss jeder einen Schutzhelm tragen, auch Besucher.

Mit der Schleifmaschine wird der Betonboden geglättet.

Der Betonmischer hat eine große Trommel, die sich dreht. So wird der Beton nicht hart.

Am Flughafen

Der Gepäckwagen bringt Taschen und Koffer zum Flugzeug.

Bei der Sicherheitskontrolle wird das Handgepäck genau durchleuchtet.

Beamte überprüfen, ob die Passagiere einen gültigen Reisepass oder Personalausweis besitzen.

Im U-Boot

Vom Kontrollraum aus kommandiert der Kapitän das U-Boot.

Die Sonde wird vom U-Boot aus gesteuert. Sie hat auch einen Greifarm.

Die Besatzung des U-Bootes erledigt Forschungsarbeit.

Raumfahrt

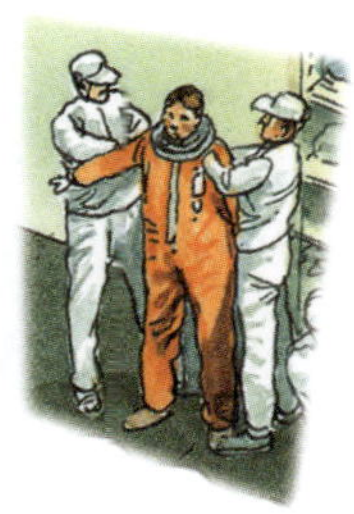

Der Raumanzug schützt den Astronauten beim Start der Raumfähre und bei der Rückkehr zur Erde.

Die Raumfähre transportiert in der Ladebucht Satelliten oder Raumsonden ins All.

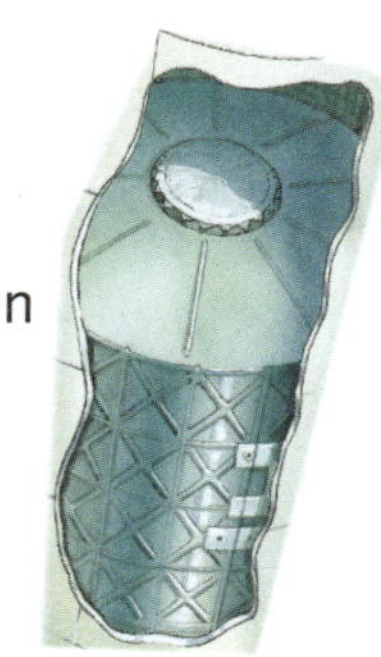

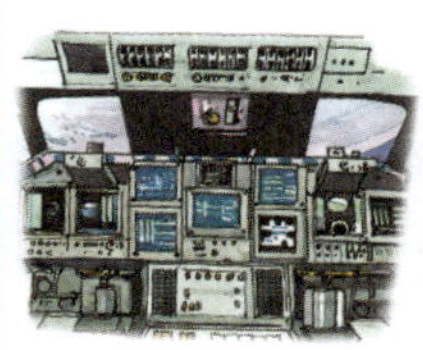

Vom Cockpit aus wird die Raumfähre gesteuert.

In der Steinzeit

Die Steinzeitmenschen malten Bilder an Höhlenwände.

Wenn benachbarte Stämme zu Besuch kamen, brachten sie Geschenke wie Halsketten mit.

Tierhäute wurden mit Steinen weich geklopft und anschließend zu Kleidung verarbeitet.

Das alte Ägypten

Die Arbeiter lebten nahe der Pyramide, in sogenannten Baracken. Das waren Häuser aus Stein.

Ochsen zogen die schweren Steinblöcke, die bis zu 15 Tonnen wiegen konnten.

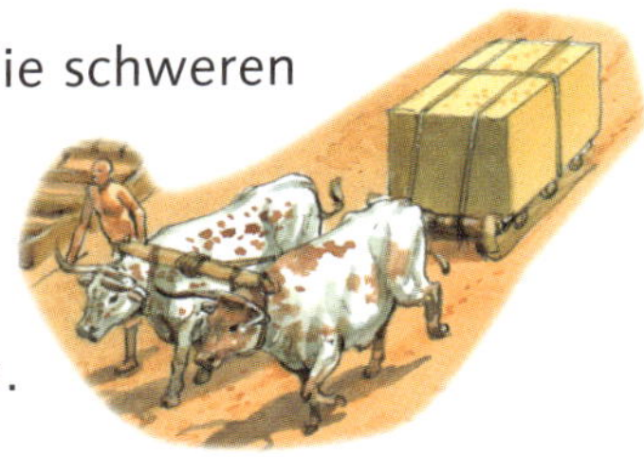

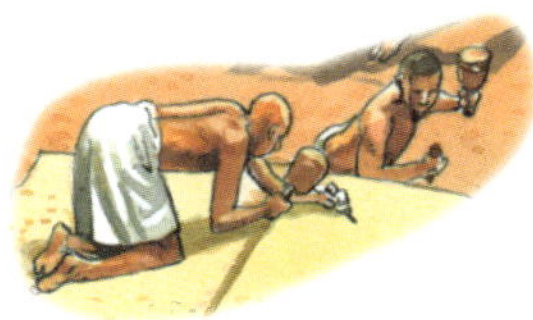

Mit einem Meißel wurden die Steinblöcke markiert, sodass man sie später wiederfinden konnte.

Das alte Griechenland

Griechische Soldaten trugen Speere, Schilde und kurze Schwerter. Sie marschierten in engen Reihen.

Die Wikinger

Wikinger gruben tiefe Brunnen, um an frisches Wasser zu gelangen.

Der Schmied fertigte Werkzeuge und Waffen aus Eisen.

Auch Vieh wurde mit Schiffen nach Übersee transportiert.

Ritter und Burgen

Das Fallgatter hielt Feinde davon ab, in die Burg zu gelangen.

Die meisten Burgen haben enge, steile Wendeltreppen aus Stein.

Der Herr und die Dame des Hauses veranstalteten Feste im großen Saal.

Die Azteken

Über steile Stufen gelangte man zur Spitze der Pyramide. Der Weg hinauf war ganz schön beschwerlich.

Hier holten sich die Schauspieler ihre Masken ab.

Ein Chor sang und tanzte während der Vorführung.

Im alten Rom

Der Marktplatz war das Herz der Stadt. Dort herrschte immer viel Betrieb.

Hier kauften die Menschen Wein und Brot.

Mit einem Heizsystem unter dem Boden, dem Hypokaustum, heizten die Römer ihre Bäder.

Die Chinesische Mauer

Die Mauer ist zehn Meter hoch. Die Arbeiter benötigten ein Gerüst, um hinaufzukommen.

Alle 200 Meter gibt es Türme. Die Soldaten, die die Mauer bewachten, lebten in diesen Türmen.

„Voladores" sprangen von einem hohen Pfahl und schwangen sich durch die Luft. Sie trugen Flügel wie Vögel.

Piratenangriff

Essen und Trinken wurde unter Deck in Fässern gelagert. Der Küfer reinigte und reparierte die Fässer.

Piraten kämpften oft mit geschwungenen Schwertern, den sogenannten Macheten.

Tiere, wie Schweine, kamen lebend mit an Bord und wurden dort geschlachtet und verzehrt.

Im Wilden Westen

In den 1860er Jahren wurde eine 2852 km lange Eisenbahnstrecke quer durch ganz Amerika gebaut.

Indianerinnen trugen ihre Babys in Beuteln aus Hirschleder.

Im Saloon, wo Alkohol ausgeschenkt wurde, gab es häufig Schlägereien.

Register